AF298182

AMBULANCE MUNICIPALE

DU

PALAIS-ROYAL

Du 12 septembre 1870 au 27 février 1871

PARIS

HENRI PLON, IMPRIMEUR-ÉDITEUR
RUE GARANCIÈRE, 10

—

1871

Sûre d'être l'interprète des sentiments de tout le personnel hospitalier, l'Administration de l'Ambulance du Palais-Royal veut exprimer ici sa vive reconnaissance à M. Tenaille-Saligny, maire du 1er arrondissement, et à M. Méline, adjoint, pour leur concours constamment bienveillant et souvent efficace.

Elle doit y comprendre M. Heugel (Léopold), dont le zèle si intelligent et la générosité presque sans mesure ont assuré la prospérité de l'Ambulance.

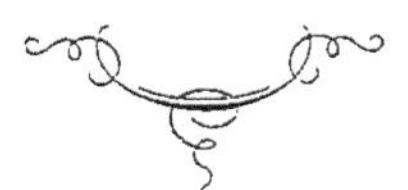

Mesdames,

Voici un tableau très-réduit, mais surtout très-exact, de notre vie de six mois d'Ambulance.

Il est bon que chacun de nous conserve un souvenir écrit d'une existence, qui a paru un siècle, consacrée au soulagement des malheureuses victimes d'une guerre sans analogue dans l'histoire du monde.

Pour ma part, je n'oublierai jamais le spectacle qui se présentait à mes yeux chaque matin quand je traversais nos immenses salles.

Mes savants, bons et dignes confrères penchés sur leurs chers blessés. Autour d'eux, ou se précipitant d'un lit à un autre, les dames hospitalières de service lavant les plaies, préparant les pansements ou disposant les appareils.

Là, mon cher Gosselin, était votre femme. Là était aussi la mienne. Là se trouvait assidûment la fille de notre aimable et bien-aimé Blache.

Oh! que je voudrais, Mesdames, pouvoir nommer ici toutes celles de vous qu'un dévouement, presque héroïque pour votre sexe, portait à braver jour et nuit les rigueurs d'un hiver exceptionnel, pour venir panser d'affreuses blessures, respirer l'air corrompu par leurs émanations putrides, se livrer enfin aux services les plus infimes, s'il y en a de tels quand il s'agit de soulager les victimes de la défense de la Patrie.

Il n'y a de véritable récompense à un tel dévouement que la conscience d'abord, et Dieu plus tard.

Dr JOSAT.

AMBULANCE MUNICIPALE
DU PALAIS-ROYAL

Le **28** janvier 1871, le président de la Commission médicale, médecin de l'Ambulance du Palais-Royal, adressait au directeur de l'hôpital Lariboisière, auquel cette Ambulance ressortissait, la lettre qui suit :

MONSIEUR LE DIRECTEUR,

« L'administration de l'Ambulance du Palais-Royal a l'honneur de vous donner avis de la décision qu'elle vient de prendre de ne plus recevoir ni blessés ni malades à dater du **7** février, et de cesser de fonctionner le **20** du même mois. »

Signé : LE PRÉSIDENT DE LA COMMISSION MÉDICALE.

En conséquence, les blessés et les malades qui restaient encore le **19** février furent évacués sur divers Hôpitaux ou Ambulances.

Le lendemain **20**, eut lieu dans la chapelle un service commémoratif pour les malades et les blessés décédés à l'Ambulance.

La messe fut célébrée devant un public nombreux, convié par lettres spéciales.

Grâce au concours des artistes distingués qui s'étaient rendus avec empressement à l'invitation de M. Heugel, cette cérémonie fut empreinte d'un caractère de solennité touchante.

Le lieu, les circonstances, la tenue en deuil de tout le personnel hospitalier, les morceaux de chant aussi bien choisis que bien exécutés, les paroles profondément senties de l'officiant, jusqu'à cette émouvante bénédiction des brassards, tout a concouru pour imprimer à cette triste solennité un caractère de lugubre grandeur qui en fixera à jamais le souvenir dans le cœur des assistants.

Après la messe eut lieu, dans la galerie dite des Grands hommes, la réunion générale de l'Administration et de tout le personnel hospitalier de l'Ambulance.

L'ordre du jour portait :

I. Exposé de la situation générale de l'Administration depuis son établissement jusqu'à ce jour, comprenant :

    1° L'état de la caisse,

    2° Celui du matériel,

    3° Celui des provisions en réserve dans les magasins.

II. Situation médicale et chirurgicale dès l'origine jusqu'à la fin.

III. Communication, discussion et résolutions concernant l'emploi le plus convenable des fonds en caisse, du matériel, des provisions de toutes sortes et de toutes provenances.

M. Hubaine, l'un des administrateurs, expose en termes clairs et concis, comme il convenait, la situation générale de l'Ambulance.

«Mesdames, dit-il, au moment où l'Ambulance à laquelle depuis plus de cinq mois vous consacrez votre concours généreux et dévoué va cesser de fonctionner, le Comité d'administration vient vous rendre compte de ses opérations et vous soumettre plusieurs propositions relatives à la liquidation de l'Ambulance.

» Dès le 12 août 1870, la princesse Marie-Clotilde avait mis à la disposition du ministre de la guerre la partie du palais que nous occupons actuellement pour y installer une Ambulance destinée aux blessés de l'armée.

» Par l'ordre du ministre, le service de l'intendance militaire avait visité le local, qui fut trouvé parfaitement approprié à sa destination.

» Toutefois, aucune mesure effective ne fut prise d'abord pour l'installation de l'Ambulance. Les événements se précipitant, la mairie du 1er arrondissement eut la pensée d'ouvrir dans sa circonscription plusieurs Ambulances pour la garde nationale. Le Palais-Royal fut mis à sa disposition, et notre Ambulance fut fondée.

» Je ne retracerai pas les phases de son installation, elles vous sont connues. Quelques détails suffiront. Je ne dois m'occuper d'ailleurs que de la partie administrative; notre cher et vénéré Président vous parlera tout à l'heure du service médical.

» Nos recettes se sont composées de dons faits directement à l'Ambulance par diverses personnes et par la mairie du 1er arrondissement; de quêtes faites à l'extérieur et de celles faites chaque dimanche à la messe, que l'aumônier a régulièrement célébrée dans la chapelle de l'Ambulance. Ces dernières ont produit la somme importante de 5,950 francs.

» Nous ne devons pas oublier le produit considérable des conférences faites dans l'une de nos salles par M. Ernest Legouvé, de l'Académie française.

» Enfin, une tombola, organisée par les soins de notre collègue M. Heugel (Léopold), à qui l'Ambulance doit tant de reconnaissance, a rapporté à notre caisse la somme de trois mille francs.

» En totalité, les dons en espèces s'élèvent à la somme de dix-sept mille six cent vingt et un francs vingt-cinq centimes.

» Nous passons maintenant à l'examen des dépenses.

» Parlons tout d'abord du matériel.

» La mairie ne pouvant mettre immédiatement à notre disposition le matériel qui nous était indispensable, la régie du palais s'empressa de nous prêter tous les lits à sa disposition. De même pour les objets de première nécessité dont l'achat nous eût été trop onéreux. Grâce à ce concours, nous nous trouvâmes en mesure d'ouvrir réellement notre Ambulance, et de la mettre en état de recevoir les malades et blessés qui devaient nous être envoyés. Mais ce prêt ne pouvait pas suffire à tous nos besoins. Une partie du matériel indispensable nous manquait encore; il nous fallait un plus grand nombre de lits, des sommiers élastiques, des oreillers, des couvertures, des couvre-pieds, des tables, des ustensiles pour les malades, des appareils chirurgicaux pour les blessés, etc. Quelques-uns nous furent donnés, la plus grande partie fut achetée à l'aide de nos ressources et de subventions spéciales de notre mairie.

» Le linge nous faisait absolument défaut. La liste civile, malgré ses promesses formelles de nous en livrer abondamment, avait fini par déclarer qu'il lui était impossible de satisfaire à notre demande.

» Grâce à votre concours, Mesdames, nous avons obtenu tout ce qui nous était nécessaire par suite de dons ou de prêts. Remercions ici la régie du Palais-Royal, qui nous a prêté les draps pour monter nos premiers lits ; et la Société internationale de secours aux blessés, qui est venue généreusement à notre aide par des dons considérables de linge et d'autres objets. Les dépenses pour le matériel s'élèvent depuis le **23** septembre, jour de l'ouverture effective de l'Ambulance, à la somme de mille cinq cent soixante-seize francs, chiffre très-minime, si on considère que le nombre de nos lits s'est élevé jusqu'à soixante-quatre.

» La dépense pour la nourriture se monte à cinq mille quatre cents francs soixante centimes. Elle s'applique à un chiffre total de trois mille neuf cent cinquante-huit journées. C'est environ un franc trente-cinq centimes par malade et par jour.

» Ce chiffre eût été beaucoup plus élevé si l'Ambulance n'avait reçu des vivres en nature de l'intendance militaire, des bons de vivres à prix réduits, une grande quantité de vins provenant des caves du Palais-Royal, et des dons, quelques-uns considérables, de diverses personnes.

» N'oublions pas notre mairie, qui à plusieurs reprises est venue efficacement à notre secours.

» Il nous reste en magasins une certaine quantité d'approvisionnements; vous aurez, Mesdames, à statuer tout à l'heure sur le meilleur emploi qui pourra en être fait.

» L'éclairage et le chauffage ont coûté deux mille huit cent trois francs vingt centimes, en dehors des dons qui nous ont été faits par la Mairie de Paris.

» Les dépenses pour le blanchissage sont montées à huit cent quatre-vingt-quinze francs soixante-quinze centimes.

» Enfin, le personnel et les dépenses diverses figurent sur nos livres pour une somme de mille quatre cent quatre-vingt-six francs cinquante centimes.

» Vous remarquerez, Mesdames, qu'aucune somme n'a été dépensée pour achat de médicaments. Messieurs Vié et Follet, pharmaciens de l'Ambulance, ont gratuitement fourni tout ce qui a été nécessaire au traitement de nos malades et de nos blessés. M. Vernaut avait offert dès le début de fournir gratuitement les divers sirops. Cette offre a été remplie avec une générosité sans bornes, quand on sait l'énorme quantité qui en a été consommée.

» En totalité, nous avons dépensé une somme de douze mille cent soixante-deux francs.

» Déduisant cette somme de celle de dix-sept mille six cent

soixante et un francs vingt-cinq centimes, montant de nos recettes, nous trouvons qu'il nous reste en caisse cinq mille quatre cent quatre-vingt-dix-neuf francs vingt et un centimes.

» Des propositions vont vous être soumises sur l'emploi à en faire, ainsi que du matériel et des approvisionnements dont on est en train de dresser l'inventaire.

» Ici, Mesdames, s'arrête ma tâche. Je n'avais à vous présenter que des chiffres, je cède maintenant la parole à notre honorable Président, M. le docteur Josat, qui va vous entretenir de la partie la plus importante et la plus intéressante du service de l'Ambulance, c'est-à-dire du service médical et chirurgical. »

M. le docteur Josat, président de la commission médicale, prenant la parole à son tour, fait connaître que le nombre des blessés et des malades depuis l'ouverture de l'Ambulance jusqu'au 19 février s'est élevé au chiffre de deux cent dix. Ce chiffre se décompose de la manière suivante :

Blessés. 76
Malades. 134
Guérisons complètes. 112
Évacuations. 42
Convalescences. . . . . . 29 Ensemble 210
Décès. 26
Lits occupés ce jour. 1

AMPUTATIONS : Membres supérieurs. 1
Membres inférieurs. 3
Morts de blessures diverses. 17
Total des décès par blessures. . 21 Ensemble 26
Malades décédés [1]. 5

[1] Le malade en traitement le 19 a succombé le 27 février d'une fièvre typhoïde.

Ces cinq décès se rapportent à deux pleuro-pneumonies et trois fièvres typhoïdes.

Mesdames,

Continue M. le docteur Josat,

Il résulte de cet exposé que la mortalité dans notre Ambulance a été de treize pour cent environ.

Cette proportion, encore trop considérable, hélas! l'est pourtant peu, eu égard à la gravité des blessures et des maladies que nous avons eues à traiter. Les grandes Ambulances comme la nôtre ont généralement payé un tribut tout autrement considérable.

A ce propos, permettez-moi de fixer un instant votre attention sur un fait qui ne lui aura probablement pas échappé.

Si nous réduisons à cinq mois notre existence vraiment active, et que nous la divisions en deux périodes égales, nous trouvons que dans la première moitié la mortalité est à peine le quart de la mortalité totale. Et pourtant, c'est dans cette première période que se placent les batailles qui nous ont donné le plus grand nombre de blessés et de blessures graves. J'en dis autant des cas de maladies. Remarquez que dans cette appréciation, je n'oublie pas de tenir compte de la différence du nombre des lits dans les deux périodes.

Les trois quarts de nos décès se sont donc réalisés, à peu de chose près, pendant la seconde moitié du fonctionnement de notre Ambulance.

« On ne voit plus sortir que des corbillards de votre Palais-Royal, » me disait dernièrement un médecin du voisinage.

Il ne disait que trop vrai.

Notre Ambulance, hélas! payait sa part de ce chiffre de six cent cinquante décès en moyenne fournis chaque semaine par les Ambulances de Paris.

Voici peut-être une explication suffisante de ce fait si affligeant par lui-même :

Pendant les deux premiers mois du siége, nos jeunes défenseurs, bien accueillis dans la capitale, cordialement reçus à nos foyers, distraits par toutes les nouveautés de Paris, ne connaissant pas encore les regrets du sol natal, pleins de confiance dans la victoire, bien nourris, bien vêtus pour la saison ; les blessures qu'ils recevaient, comme les maladies qui les attaquaient, fort heureusement se ressentaient de l'influence de ces bonnes conditions morales et physiques.

Dans la deuxième période, au contraire, la nostalgie se manifeste, les combattants sont sortis de nos familles, Paris n'a plus rien de nouveau à leur offrir, les insuccès militaires se renouvellent ; en un mot, l'imagination, l'esprit et le cœur se trouvent sans soutiens.

Cependant l'alimentation perd chaque jour en quantité comme en qualité, l'hiver sévit avec une rigueur exceptionnelle, la vie se passe aux tranchées avec des vêtements insuffisants, les pieds dans l'eau, les genoux et le ventre dans la boue; les fatigues deviennent excessives.

En pareil état, une plaie légère s'aggrave vite, et une simple indisposition devient rapidement maladie sérieuse. La mort moissonne abondamment dans un champ ainsi préparé.

Telle est certainement, Mesdames, la raison de cette énorme différence dans la mortalité des deux moitiés de notre existence hospitalière.

On pourrait y ajouter un détail hygiénique dont le rôle a plus d'importance qu'on ne le croit en général. Je le signale en passant. C'est l'imprégnation miasmatique (qu'on me pardonne le mot) qui s'opère inévitablement au bout d'un certain temps dans un local occupé par des blessés ou des malades.

Quoi qu'il en soit, Mesdames, nous pouvons nous rendre à nous-mêmes le bien doux témoignage que nous avons fait tout ce qui était en notre pouvoir pour conjurer ou atténuer les funestes effets de toutes ces causes réunies.

La science, le zèle, le dévouement, le désintéressement, les sacrifices de toutes sortes, rien n'a fait défaut dans cette Ambulance du Palais-Royal.

Il nous en restera, j'en suis certain, une véritable solidarité du bien accompli qui nous rendra chers les uns aux autres; et ce ne sera pas sans un vif plaisir

que nous nous rencontrerons plus tard dans le tour-
billon social.

Nous étions de l'Ambulance du Palais-Royal.

Chacun de nous se complaira dans ce souvenir et le
redira plus d'une fois.

Mesdames,

Après avoir tant fait, j'allais dire après avoir tout
fait pour ravir à la mort toutes ces chères victimes de
la guerre, vous avez cru qu'il vous restait encore un
dernier devoir à remplir : — prier une dernière fois et
en commun pour toutes ces jeunes et belles âmes que
le sacrifice à la patrie avait d'avance réconciliées avec
Dieu.

La cérémonie, si triste et si douce tout à la fois, qui
nous réunissait il y a quelques instants est venue mettre le sceau de la Religion sur notre vie d'Ambulance.
Elle nous deviendra plus précieuse.

Pourquoi, me disais-je pendant cette touchante cérémonie, pourquoi toutes les mères de ces braves jeunes
gens ne se trouvent-elles pas ici en ce moment au milieu de nous !

J'émets le vœu que vous vous chargiez, Mesdames,
de leur apprendre que leurs chers enfants ont été soi-
gnés comme les nôtres, et qu'après avoir épuisé tous
les trésors de la charité sur leurs souffrances, votre

affection maternelle a répandu ceux de la Religion sur leurs derniers moments, et qu'enfin vos prières sont allées les trouver jusque dans l'autre vie.

Ce discours est accueilli par des applaudissements très-vifs, et l'impression en est demandée à l'unanimité.

A M. Heugel, qui en a été si souvent le généreux auteur et le zélé promoteur, revenait naturellement la tâche de faire l'exposé des ressources de toutes natures et de toutes provenances que le terme du fonctionnement de l'Ambulance laissait disponibles. M. Hubaine en avait fait connaître la quantité, il restait à en régler l'emploi le plus convenable et le plus judicieux. La discussion a été longue et difficultueuse. Un grand nombre de projets ont été mis en avant. Enfin, on s'est arrêté à cette résolution : Qu'un Comité serait chargé de l'opération, en se réglant d'après les principes suivants :

D'abord, pour les fonds restant en caisse :

1º Une somme à la mairie du 1er arrondissement pour son Bureau de bienfaisance;

2º Une somme à distribuer en gratifications au personnel salarié ou seulement nourri et logé;

3º Aux blessés ou malades de l'Ambulance reconnus dans le besoin;

4º En secours de route à ceux manquant de ressources pour rentrer dans leurs familles;

5º Enfin, aux familles des décédés qui seraient reconnues se trouver dans le dénûment.

Pour ce dernier cas, les Dames qui auront soigné le défunt se mettront en rapport avec le maire ou le curé de son lieu de naissance, et en obtiendront les renseignements nécessaires. Ces renseignements, centralisés dans le Comité, serviront à le guider pour la répartition à faire.

En second lieu, pour les provisions en magasin, l'Assemblée s'est arrêtée au mode suivant :

Diviser toutes les provisions en *bons,* et les tirer au sort sous forme de lots à distribuer à toutes les Dames inscrites au Tableau de l'Ambulance. Chaque Dame devra à son tour faire une distribution entre les pauvres de sa connaissance.

Ce mode, jugé le plus juste et le plus facile en même temps, a reçu son application immédiate.

Enfin, pour le matériel :

1° Remise à qui de droit des objets prêtés ;

2° Une partie à la mairie du 1er arrondissement pour le Bureau de bienfaisance ;

3° Le reste à distribuer entre les pauvres du quartier du Palais-Royal.

M. Heugel reprend la parole pour formuler la proposition de donner, à une époque qui n'est pas déterminée, une matinée musicale dans une des salles de l'Ambulance, *celle dite des Armes,* par exemple.

A cette matinée prêteraient leur concours tous les artistes dont le talent a donné à notre messe du dimanche un éclat qui n'a pas peu contribué à rendre les quêtes aussi fructueuses que l'on sait l'avoir été.

Le produit de cette solennité musicale leur reviendrait exclusivement.

Cette motion est accueillie avec empressement.

Le prix des billets sera ultérieurement fixé.

M. Heugel souscrit immédiatement pour vingt billets.

Enfin, M. Barbey-Liouville, régisseur du palais, un des administrateurs de l'Ambulance, dans un langage plein d'émotion, propose à l'Assemblée, avant sa séparation, d'exprimer ses sentiments de vive reconnaissance pour la pieuse princesse qui, dès le 12 août 1870, a été l'initiatrice de la fondation de l'Ambulance. Il est bon que l'on sache, ajoute M. Barbey-Liouville, que pendant toute sa durée, la princesse Clotilde y a versé, par la main discrètement libérale de M. Hubaine, des dons abondants en comestibles, vins ordinaires et vins généreux, enfin en objets de toute nature et de la plus grande utilité.

La proposition est accueillie avec un vif empressement, et votée à l'unanimité.

On décide qu'il sera adressé à la princesse Marie-Clotilde un exemplaire imprimé du compte rendu de la séance, signé par le conseil de l'Administration au nom de tout le personnel de l'Ambulance.

La séance, commencée à deux heures, est levée à cinq, et l'Assemblée se sépare au milieu d'une émotion qui dit assez que chacun est content de lui-même et de tous.

Paris, le 20 février 1871.

NOTICE

SUR

L'AMBULANCE DU PALAIS-ROYAL

ET

SON FONCTIONNEMENT DEPUIS SON INSTALLATION JUSQU'A SA FERMETURE

ADMINISTRATION.

Dès les premiers jours de septembre 1870, les médecins du quartier du Palais-Royal, convoqués par la municipalité, se constituent en Commission médicale.

Cette commission eut pour objet d'organiser toutes les Ambulances du quartier, et d'en partager le service entre tous ses membres[1].

L'Ambulance du Palais-Royal ayant, par rapport aux autres, une importance tout exceptionnelle, devint par là même l'objet d'une organisation spéciale.

Pour toutes les autres, les frais étaient entièrement couverts par les déclarants. Celle du Palais-Royal, au contraire, devait entraîner des dépenses d'installation très-considérables, sans parler de celles qui lui incomberaient plus tard pour son fonctionnement.

Les médecins décidèrent qu'elles seraient surtout destinées aux malades et aux blessés des bataillons du quartier, qu'ils se

[1] Le nombre des Ambulances s'est élevé jusqu'à quatorze.

partagèrent pour une quête à domicile. Cette quête produisit une somme de quatre mille francs environ.

Sur ces entrefaites, la Commission médicale eut l'heureuse chance de s'adjoindre M. Léopol Heugel en qualité d'administrateur provisoire.

A partir de ce moment, le sort de l'Ambulance du Palais-Royal fut assuré. Par ses générosités privées, et les ressources de toute nature qu'il sut se procurer, M. Heugel donna à l'organisation une impulsion on peut dire en quelque sorte inespérée.

Il fallait, avant tout, aménager le local de manière à installer les divers services le plus convenablement et le plus commodément possible.

Il est bon de rappeler que l'ordre formel de l'autorité militaire portait : Que dans toute ambulance destinée à recevoir des malades et des blessés, les deux services devaient être entièrement séparés.

En conséquence, le service médical fut installé dans la salle du Trône et dans celle des Fêtes. La salle des Buffets fut destinée à trois lits d'officiers malades.

La salle des Colonnes était admirablement appropriée au service religieux. Elle devint la chapelle de l'Ambulance, et servit en outre à isoler parfaitement les malades des blessés.

La salle des Grands hommes reçut douze lits pour des blessés.

La salle des Armes en eut dix-huit.

Le grand salon carré, dit Salon rouge, fut destiné à recevoir six officiers blessés.

La grande salle de réception de l'Empereur fut destinée à être pour ainsi dire une salle en jachère, où devaient être placés temporairement soit des malades ou des blessés surnuméraires, soit des opérés ou des blessés dont la purulence pouvait corrompre l'air des salles ; elle devait même (comme cela a toujours eu lieu) servir aux opérations.

La vaste antichambre des huissiers reçut l'installation des bureaux.

La lingerie du palais resta la lingerie de l'Ambulance; le salon voisin devint l'ouvroir, et les deux chambres à côté servirent de logement aux internes du service.

La ravissante serre des terrasses devint un fumoir. Quant à celles-ci, véritables jardins suspendus, d'où les promeneurs plongent sur celui du palais, la régie les mit spontanément à la disposition des convalescents.

Dès lors, l'Ambulance du Palais-Royal devint, on peut le dire sans exagération, l'asile le plus salubre, le plus commode, le mieux approprié enfin à une réunion de malades, de blessés et de convalescents.

Enfin, l'Administration se constitua définitivement par le président de la commission médicale, deux administrateurs, un secrétaire-comptable et deux adjoints.

Plus tard, il y eut un Comité administratif dont firent partie la présidente et la vice-présidente des Dames infirmières, et où étaient appelées les Dames chefs de service.

Les Dames dignitaires et les chefs de service étaient nommées au suffrage dans les réunions générales.

Chaque Dame infirmière n'était admise qu'après présentation et appréciation des titres dans une des réunions hebdomadaires.

Après réception, il était remis à la nouvelle infirmière une carte de libre circulation dans toutes les salles et à toute heure de jour et de nuit[1].

Une réunion générale de tout le personnel hospitalier avait lieu

[1] Ces cartes, sur fond jaune encadré de noir, portent la signature du maire de l'arrondissement, le paraphe du président de la Commission médicale, le double cachet de la mairie et de l'Ambulance, un numéro d'ordre, et enfin le nom de la Dame infirmière.

un jour de chaque semaine. Là, le président de la Commission médicale, les administrateurs, le conseil du Comité préposé aux dons et secours, faisaient un rapport chacun en ce qui les concernait. Chaque chef de service exposait sa situation particulière. Les Dames infirmières faisaient et développaient des motions qu'on acceptait ou qu'on rejetait après discussion complète. Tous les articles de dépenses considérables étaient mis en délibération. Les mesures de service général, d'ordre intérieur, de discipline, etc., furent l'objet d'un règlement dont tous les articles, préalablement étudiés par le Comité administratif, ne reçurent leur application qu'après avoir été discutés et votés par l'Assemblée générale.

Ces réunions, toujours empreintes du cachet de bonne compagnie, étaient comme une sorte de gouvernement parlementaire en petit, où tous les chapitres de recettes et de dépenses étaient sincèrement contrôlés.

On peut le dire, c'est sûrement à ce contrôle consciencieux qu'on doit rapporter en très-grande partie l'état de prospérité relative qui a toujours été en croissant depuis l'ouverture de l'Ambulance jusqu'au terme de son fonctionnement.

FONCTIONNEMENT.

Il embrasse les services médico-chirurgical, religieux, des approvisionnements, alimentation et matériel, de la lingerie et de la comptabilité.

SERVICE MÉDICO-CHIRURGICAL.

Six docteurs, dont deux professeurs à la Faculté, deux élèves internes, se partagèrent ce double service, auquel concourait

presque tout le personnel de l'Ambulance, en y comprenant trois
Sœurs des ordres de l'Assomption et de Bon-Secours de Troyes,
trois infirmiers, plusieurs garçons de salle, et enfin un certain
nombre de blessés ou malades convalescents, impropres à
rejoindre leur bataillon, mais capables d'être utiles à l'Ambulance.

Les prescriptions étaient remplies par deux pharmaciens et un
interne en pharmacie.

Aucune maladie épidémique ou contagieuse, quelle qu'en fût
la nature, n'entrait dans l'Ambulance.

Si un cas de ce genre se produisait intercurremment dans l'intérieur, il était immédiatement évacué sur un hôpital spécial.

Chaque salle avait une Dame surveillante, deux Dames en per-
manence à tour de rôle, de plus une surveillante générale des
salles, et enfin une présidente, et à son défaut une vice-présidente, chargée de faire chaque jour un rapport au président de
la Commission médicale, sur lequel retombait en définitive la
responsabilité générale du service [1].

A l'approche présumée de chaque grande affaire, l'autorité
militaire, le plus souvent la municipalité, prévenait l'administration de l'Ambulance qu'elle eût à se mettre en mesure de recevoir le plus grand nombre possible de blessés.

Cet avis, communiqué aux Dames en assemblée générale,
faisait naître sur-le-champ une émulation admirable. C'était à
qui retirerait le plus de convalescents. Il était tout naturel que
chaque Dame donnât la préférence à celui ou à ceux qu'elle avait
déjà l'habitude de soigner. Dans la journée même, nos malades
et nos blessés en convalescence allaient prendre place au foyer
de famille et en partageaient la vie morale et matérielle.

[1] Nous ne devons pas oublier les bons offices de **M.** Duportal, qui, chaque matin,
venait servir d'interprète aux malades bretons, en si grand nombre à une certaine
époque.

Un des médecins de l'Ambulance[1] visitait chaque jour ceux que leurs blessures, une trop grande faiblesse, ou même un reste de malaise, retenaient à domicile. Ceux qui étaient en état de sortir se rendaient à la consultation que donnait chaque jour le même médecin à l'Ambulance même.

C'est là que se délivraient aussi les bulletins de sortie définitive, ceux de convalescence et de prolongation de convalescence.

A un moment donné, lorsqu'un malade ou un blessé paraissait approcher de sa fin, on l'isolait soit par un paravent, soit en roulant son lit dans la salle dite de l'Empereur. On prenait encore cette dernière mesure dans les cas de délire agité ou de purulence fétide.

Un décès présumé était toujours constaté par le président de la Commission médicale, inspecteur du service de la vérification des décès, qui faisait son rapport en double, et l'adressait immédiatement à la municipalité.

Le corps, retiré du lit mortuaire, était descendu au rez-de-chaussée du palais, dans une pièce attenant au vestibule, et disposée en chambre funéraire.

Tel était en général le fonctionnement du service médico-chirurgical. On peut affirmer que toutes les exigences vraiment sensées, et jusqu'aux susceptibilités, toujours si respectables en pareille matière, y trouvaient satisfaction complète.

SERVICE RELIGIEUX.

Tous les cultes reconnus par l'État avaient leurs ministres.

Le culte catholique, cela va sans dire, était presque exclusivement pratiqué.

L'aumônier, protonotaire apostolique, ancien aumônier mili-

[1] M. Josat.

taire en Crimée, chevalier de la Légion d'honneur, officiait tous les dimanches et jours de fête dans la chapelle de l'Ambulance.

A cette messe assistaient tout le personnel infirmier, les convalescents, et un nombreux public d'élite convoqué par lettres spéciales.

Des artistes, dont le désintéressement égalait le talent, venaient exécuter quelques morceaux de musique sacrée, toujours appropriés à la cérémonie et à l'état général des esprits. A l'issue, deux Dames infirmières, placées à la porte de la chapelle, recevaient chacune dans une bourse les dons du public, et il n'était pas rare d'y trouver après la quête de quoi faire face aux dépenses de la semaine qui suivait.

M. Ernest Legouvé, que la bienfaisance trouva si souvent sur son chemin à travers les misères de ce siége mémorable, a fait à l'Ambulance du Palais-Royal des conférences qui ont considérablement grossi le chapitre des dons et secours.

L'*Alimentation morale* a pourvu pour une bonne part aux approvisionnements.

Les *Deux Misères,* après avoir ému aux larmes un public d'élite, l'ont disposé à une générosité dont les quêteuses ont senti les bons effets.

Ce n'était pas assez. Après avoir dédié aux Dames infirmières l'édition de son délicieux poëme, M. Legouvé a voulu en consacrer le produit à sa chère Ambulance du Palais-Royal, comme il se plaisait à l'appeler.

Sa bonne œuvre a déjà donné à son excellent cœur une satisfaction plus que suffisante : qu'il nous permette, pour la nôtre, d'acquitter ici une dette de vive reconnaissance.

Revenons au service religieux.

Les secours religieux étaient toujours distribués avec autant de tact que de zèle pieux, et s'il est inouï qu'un seul malade ou blessé en ait été privé, il l'est autant que les croyances et les convictions n'aient pas été constamment respectées.

L'aumônier était chargé de s'entendre avec Saint-Roch pour le service religieux des convois. Le vénérable curé de cette paroisse s'y prêtait avec une obligeance qui a toujours permis de faire les choses convenablement.

Dans les décès protestants, les derniers devoirs religieux se conformaient au culte réformé.

La municipalité, en ce qui la regardait, ne négligeait rien pour honorer le convoi suivant le grade du décédé. M. Henri Heugel[1] était un maître de cérémonie bénévole qui s'occupait de régler avec les pompes funèbres, la mairie et l'autorité militaire. Rien de plus touchant que la vue de ces modestes corbillards, suivis de cet homme de bien, précédant les Dames hospitalières.

Un jour, une compagnie de mobiles, revenant des tranchées, rencontre un convoi sortant du Palais-Royal, escorté par les Dames de l'Ambulance. Le capitaine s'émeut. Son émotion, comme une étincelle électrique, gagne tous ses hommes, et en moins de temps que nous n'en mettons à le dire, toute la compagnie se range autour du corbillard, l'escorte à l'église, et de là au cimetière, malgré la fatigue des hommes, un froid piquant et une neige abondante. Que tous ces braves gens reçoivent ici l'expression de notre reconnaissance.

Ainsi se pratiquait tout ce qui a rapport au culte religieux. Lorsqu'après tous les efforts de la science le mal devenait tout-puissant jusqu'à amener la mort, la religion prenait le mourant, l'accompagnait après son décès, et ne le quittait qu'au tombeau.

---

[1] Son zèle le multipliait, on peut le dire. Ses aptitudes le disposaient à tous les emplois, et sa modestie naturelle l'aurait porté à les remplir, si les besoins l'avaient exigé.

SERVICE DES APPROVISIONNEMENTS, DE L'ALIMENTATION ET DU MATÉRIEL.

Ce dernier n'eut une véritable importance qu'au début. Il s'amoindrit progressivement, et devint à peu près nul à la fin du siége.

Il comportait trois catégories d'objets, les objets acquis aux frais de l'Ambulance, ceux qui lui étaient prêtés et ceux qui lui étaient donnés.

La bonne tenue de la comptabilité à l'égard de ce service a rendu facile, quand est venue la liquidation générale, l'emploi, la distribution et la remise de tous les objets formant le matériel.

Les approvisionnements, comme le matériel, ont été un service dont l'importance a surtout existé au commencement.

Le problème à résoudre dans ce service consistait à acheter le plus possible, et le meilleur marché possible, en prévision de la rareté et de la cherté de toutes choses pendant un long investissement.

Grâce à l'activité intelligente des deux Dames qui se sont succédé dans ce service, le problème a été résolu dans une mesure qui a dépassé toutes les prévisions.

La réussite dans le service des approvisionnements assurait celui de l'alimentation. Aussi quand chacun manquait de tout dans Paris, l'Ambulance du Palais-Royal ne manquait de rien. Quand, par exemple, un œuf valait deux et trois francs, nos malades et nos blessés pouvaient en manger qui revenaient à trois sous pièce, et ainsi de tout le reste.

L'état des magasins d'approvisionnement lors de la liquidation générale a prouvé la perfection du fonctionnement de ce service.

LA LINGERIE.

La lingerie, sorte d'annexe du service chirurgical, a par cela même une telle valeur dans une ambulance importante, qu'il n'y a pas d'exagération à dire que les résultats de l'une dépendent considérablement de l'autre.

La lingerie, service très-complexe, comme on va s'en convaincre, comprend d'abord la matière première ou le linge lui-même. On sait l'énorme variété d'articles compris dans ce seul mot. La réception du linge à elle seule est déjà une très-grosse affaire.

Se conformant à de pieuses et généreuses intentions, la régie du Palais-Royal avait fourni dès le commencement le nécessaire pour un certain nombre de lits. Mais ce nombre devint bien vite insuffisant, et il fallut faire appel à la bonne volonté des Dames infirmières. Ce ne fut pas en vain, puisque dans la journée même, pour ne parler que de l'article principal, soixante paires de draps entrèrent à la lingerie, qui au bout de très-peu de jours se trouva pourvue avec une telle abondance, qu'après un fonctionnement de plus de six mois, il a été possible de faire de larges distributions à la municipalité et aux hôpitaux.

Ce que nous appelons *réception* du linge ne comprend pas seulement la première entrée, elle s'étend au blanchissage, c'est-à-dire à la sortie et à la rentrée du linge à blanchir, à la répartition et à la distribution dans les salles, au triage après emploi, aux sorties définitives pour divers usages, comme ensevelissements, dons aux malades et aux blessés rentrant guéris aux bataillons, etc., etc.

Mais de toutes les branches du service de la lingerie, la plus importante est sans contredit la *confection*.

La *confection* embrasse tous les articles de pansements, et on sait s'ils sont nombreux. Depuis le linge fenêtré jusqu'à l'*habillement* des grands appareils chirurgicaux, tout se confectionnait dans la lingerie de l'Ambulance. Le linge se transformait merveilleusement et rapidement dans les mains des Dames infirmières, et jamais l'expression de *doigts* de fées n'a été plus justement employée.

Le grand salon *ouvroir* attenant à la lingerie était rempli chaque jour par vingt à trente ouvrières volontaires, dames du meilleur monde, occupées souvent à raccommoder des vêtements d'une propreté plus que suspecte, mais troués par les balles ou déchirés par les obus. Il fallait voir l'entrain et l'air de satisfaction de toutes ces travailleuses!...

C'est plus qu'il n'en faut pour faire ressortir l'importance de ce service et les difficultés inhérentes à son fonctionnement.

Qu'on juge par là de tout ce qu'il a fallu déployer d'activité, de bonne entente, d'habileté et d'assiduité, pendant un exercice de plus de six mois dans une Ambulance où presque tous les blessés ont offert des cas de grande chirurgie, et où les amputations ont presque toutes porté sur les membres inférieurs.

Hâtons-nous de dire que les Dames placées, par le suffrage de toutes, à la tête du service de la lingerie ont dépassé tout ce que l'on pouvait raisonnablement attendre de leur dévouement.

Cette notice serait incomplète si nous négligions de dire quelques mots sur la comptabilité.

On peut affirmer que ce service assure ou compromet le succès de tous les autres, selon qu'il est bien ou mal conduit.

Il n'entrait pas un article acheté, prêté ou donné, qui ne fût inscrit sous sa provenance, son état et sa nature. Quand à la fin il s'est agi de disposer des objets qui avaient échappé à l'usure ou à la consommation, tout s'est trouvé si bien en règle, que la distribution n'a offert d'autres difficultés que celles provenant de la négligence des ayants droit.

Chaque malade ou blessé avait son dossier qui le prenait à son entrée dans l'Ambulance, se continuait pendant son séjour, le suivait pendant la convalescence au dehors et ne se fermait qu'au retour au bataillon.

Ce dossier comprenait tout ce qui avait rapport au sujet reçu dans l'Ambulance, et de plus, tout ce qui se trouvait en sa possession; de telle sorte qu'en cas de décès l'identité de personne pouvait être constatée par l'autorité militaire, et tout ce qui avait appartenu au défunt être remis à l'intendance.

Après guérison, le malade ou le blessé trouvait toujours sous son numéro d'ordre tout ce qui était en sa possession à son entrée, et rien de plus ordinaire que de voir avec surprise son bagage accru d'objets discrètement placés par les Dames infirmières, comme gilet de flanelle, cache-nez, passe-montagne, bas, chaussettes, etc.

Les archives de l'Ambulance conserveront les preuves en grand nombre de l'exactitude rigoureuse et de la régularité irréprochable de tout ce qui se rattachait de près ou de loin au service de la comptabilité.

EN RÉSUMÉ,

L'Ambulance du Palais-Royal a fonctionné pendant six mois, pour la plus grande partie, avec les ressources tirées directement ou indirectement de son personnel hospitalier.

Non-seulement elle a largement suffi à tous les besoins de son existence, mais de plus, vers la fin, il s'est trouvé dans ses magasins d'approvisionnement des ressources si considérables qu'elles eussent suffi à une prolongation de près d'un mois.

Est-ce à dire que l'administration et le fonctionnement des services aient marché à la perfection? Non, elle n'est ni dans la nature humaine ni dans la nature des choses. Un personnel aussi nombreux et une administration aussi chargée n'ont pu se mouvoir sans se heurter quelquefois. Les attributions mal définies, le zèle mal contenu ou mal dirigé, les susceptibilités mises en jeu, que sais-je?... ont plus d'une fois donné lieu à des tiraillements. Mais l'amour du bien, l'esprit d'abnégation, le dévouement à la patrie, les ont constamment rendus de peu d'importance et de courte durée.

En un mot, l'Ambulance du Palais-Royal, sans avoir la prétention de se présenter comme un modèle, a celle d'avoir fait tout le bien que son esprit comportait.

AMBULANCE MUNICIPALE DU PALAIS-ROYAL

PERSONNEL

ADMINISTRATION.

M. le Dr JOSAT, président de la Commission médicale.

MM. HUBAINE et BARBEY-LIOUVILLE.

Conseil du comité administratif : M. LÉOPOLD HEUGEL.

SERVICE MÉDICO-CHIRURGICAL.

Médecins :

MM. les Drs JOSAT et DES-RUELLES.

Chirurgiens :

MM. les Drs DENONVILLIERS, GOS-SELIN, COQUERET et CORLIEU.

Médecins consultants : MM. les Drs GOUPIL et MOUTARD-MARTIN.

Internes du service : MM. MOUTARD-MARTIN et REYNIER.

PHARMACIENS.

MM. VIÉ et FOLLET.

Interne en pharmacie : M. BERTHEMET.

SERVICE RELIGIEUX.

Aumônier : Mgr DOUSSOT, protonotaire apostolique.

Clerc de la chapelle : M. l'abbé DELAUNAY.

Pasteur protestant : M. BERGER.

SECRÉTARIAT.

MM. MENDIBOURE, secrétaire comptable.

PELLAT et NEUMANN, secrétaires adjoints.

SERVICE HOSPITALIER.

MESDAMES :

GOSSELIN, *présidente*.
JOSAT, *vice-présidente*.

Madame ABEILLE.

Mademoiselle ABEILLE.

Madame d'ASSAILLY.

Madame BAILLET.

Madame DE BENAZÉ.

Madame BOWDEN.

Madame BREIL.

Mademoiselle BREIL, chargée du service de la lingerie.

Madame BUJEON.

Madame BONNIER-ORTOLAN.

Mademoiselle BILLAUD.

Madame BALLÈS.

Madame BORDEAUX.

Madame BROCHOT.

Madame BILBILLE.

Madame BUISSON.

Madame CARTERON.

Madame COR.

Madame CHARTON.

Madame CHAIROU-PRÉVOST. Service des approvisionnements et de l'alimentation, primitivement du matériel.

Madame CHALANDRE.

Madame CHAUDEY.

Madame COMBES.

Mademoiselle COMBES.

Madame la Baronne V. DE COURVAL.

Madame DE CARNEGIE.

Madame CAIRE.

Madame DEVINCK.

Madame DUCROCQ.

Madame DUET.

Madame DURAND.

Madame DUVAL.

Mademoiselle FORTIER.

Madame GOMEL.

Mademoiselle GUILLAUMIN.

Madame HEUDES.

Madame HUSSON-MOREL.

Madame JARRIÉ.

Madame la Comtesse JOLY DE FLEURY.

Madame LE BARBIER DE TINAN.

Madame LE CLERCQ.

Madame LEMBERT.

Madame LEGROUX, chargée du service des approvisionnements et de l'alimentation.

Mademoiselle LUNDGREN.

Madame MARTINET.

Madame MASSIN.

Madame MENDIBOURE mère. Service de la lingerie.

Madame MENDIBOURE jeune.

Madame MOUTARD-MARTIN.

Madame NAVOIT.

Madame NICOLET. Surveillance générale des salles.

Madame OURADOU.

Madame PONSIGNON.

Mademoiselle PARIS.

Madame DE PICCIOTTO.

Mademoiselle CAROLINE DE LA HAUTIÈRE. Surveillance générale des salles.

Mesdemoiselles CLOTILDE, GLOSSINDE et CÉSARINE DE LA HAUTIÈRE.

Madame DE REDDEMONT.

Madame RÉMAURY.

Mademoiselle RÉMAURY.

Madame REYNIER.

Madame DE SAINT-JULIEN.

Mademoiselle THIBEAUD, chargée de la répartition du linge dans les salles.

Madame THONNELIER.

Madame VASSE.

Madame VERNAUT, chargée spécialement de la répartition du linge dans les salles.

Madame VIGOGNE, née CHANAELLE.

Madame VILLAIN-MOISNEL.

Mademoiselle VILLAIN-MOISNEL.

Madame WATIN.

Il ne serait pas juste de terminer sans avoir fait remarquer que toutes les personnes portées sur ce tableau n'ont pas donné un égal concours au service général de l'Ambulance.

Pour toutes, ce concours a été absolument gratuit. C'est entendu.

Mais il y a eu dans son application, comme dans son efficacité, des proportions qui demandent à être signalées.

Le concours d'un grand nombre, en toutes choses, n'a pour ainsi dire presque pas connu de bornes, pas même les considérations de santé.

Pour d'autres, il a consisté en secours de bien des sortes et en un temps plus ou moins long de jour ou de nuit consacré au service des salles ou de la lingerie.

Pour très-peu, une mauvaise santé s'opposant au service actif, leur zèle s'est déployé en ajoutant à leurs libéralités personnelles les dons et secours qu'elles réussissaient à recueillir avec abondance.

La bonne volonté de quelques-unes s'est trouvée paralysée ou détournée par des circonstances aussi impérieuses qu'absolument imprévues.

Enfin, il y a eu un concours discret que nous devons mentionner en finissant. Il est le fait de ces bienfaiteurs anonymes dont les générosités se glissaient dans le fond de la bourse des quêteuses de la messe du dimanche ou des conférences de M. Legouvé.

FIN.

PARIS. — TYPOGRAPHIE DE HENRI PLON, RUE GARANCIÈRE, 8.

www.ingramcontent.com/pod-product-compliance
Ingram Content Group UK Ltd.
Pitfield, Milton Keynes, MK11 3LW, UK
UKHW020039080726
13614UKWH00004B/1854